PRÉFACE

L'ACADEMIE ROYALE DE MUSIQUE, s'est toûjours fait une loy de donner les Ouvrages de Monsieur *de Lully*, tels qu'ils étoient, au sortir des mains de leur illustre Auteur; & si elle s'en dispense en cette occasion, elle se flatte que pour peu qu'on veüille faire attention aux motifs qui l'y ont portée, on loüera son zele, loin de blâmer sa hardiesse. *LE TRIOMPHE DE L'AMOUR* fit le plaisir, & l'admiration de la Cour, & de la Ville, la premiere fois qu'il parut sur la Scene : Monsieur *de Lully*, & Monsieur *Quinault* n'y perdirent aucun des droits qu'ils s'étoient justement acquis sur les suffrages. Cependant il faut avoüer que la pompe du Spectacle, & l'auguste presence des Princes, des Princesses, & de la plûpart des Seigneurs, & des Dames de la Cour qui danserent dans ce Ballet luy presterent des agrémens infinis. Cela est si vray, que lorsqu'on a redonné cet Opera, dépoüillé de ces derniers avantages, il n'a pas eû le même succés. Quelque justice qu'on ait rendu à l'excellence de la Musique, & à la beauté des Paroles, on a senty que le cœur n'y étoit pas entierement satisfait, & que les diverses Actions répanduës dans tout le corps de l'Ouvrage, n'étoient ni assez liées ni assez interessantes; on se voyoit même réduit à le laisser dans l'oubly, si l'Academie Royale de Musique attentive à tout ce qui peut contribuer à la gloire de son Orphée, ne se fût avisée de remplacer par quelque nouveauté les magnifiques Décorations qu'on y avoit perduës. On les y auroit bien remises; mais le Public auroit payé ce plaisir trop cher, puisqu'il auroit fallû fermer le Theatre pour quelques mois. Voilà ce qui a donné lieu aux changemens qu'on trouvera dans ce Ballet, & l'on se flatte que les Spectateurs seront bien-aise de voir rétablir un Divertissement qui leur rappelle une époque aussi précieuse que celle d'un Mariage, dont les fruits doivent éterniser la gloire, & le bonheur de deux Empires. On n'ignore pas que ce fût à l'occasion du Mariage de MONSEIGNEUR, que *LE TRIOMPHE DE L'AMOUR* fût representé à Saint

PRÉFACE.

Germain en Laye, l'An 1681, & la France doit trop à ce Prince, qui est ses plus cheres délices, pour ne pas aimer tout ce qui a du rapport avec luy. L'Academie Royale de Musique s'y voit encore plus étroitement engagée, & la protection singuliere dont ce grand Prince l'honore, luy fait un devoir indispensable de se dévoüer toute entiere à ses plaisirs.

Peut-elle assez pour luy, faire éclater son zele?
Quelquefois à ses Jeux, il daigne prendre part,
Et son auguste Aspect rend la Scene plus belle,
Que tout ce qu'elle doit à la pompe de l'Art.
 Quel est le bonheur d'un Ouvrage,
 Qui peut s'attirer son suffrage!
Il ne sçauroit tomber avec un tel appuy;
Mais de quelque succés que son aveu réponde,
 Si l'on veut plaire à tout le monde,
 On le doit apprendre de luy.

Comme c'est un secret qu'aucun Auteur n'a encore trouvé, ceux qui ont composé la Musique, & les Paroles dont ce Ballet est augmenté, n'ont garde d'aspirer à ce bonheur, ils s'attendent même qu'on leur fera un crime d'avoir retranché des beautez dont ils n'ont pû dédomager le Public; mais ils promettent de les placer ailleurs, & il en reviendra deux plaisirs pour un. Au reste, on n'a pas crû qu'il fût necessaire d'imprimer les Additions, d'un caractere qui les distinguât du reste de l'Ouvrage, la difference de stile se fera assez sentir sans cette précaution; & l'Auteur des nouvelles paroles se croiroit trop heureux si l'on pouvoit quelquefois prendre le change.

Le Public ayant demandé les anciennes Entrées, on les a remises dans la derniere reprise de cet Opera.

LE TRIOMPHE
DE
L'AMOUR,
OPERA;
REPRE'SENTE'
PAR L'ACADEMIE ROYALE
DE MUSIQUE,
Le Vendredy onziéme jour de Septembre 1705.
Remis au Théatre le Jeudy vingt-sixiéme Novembre 1705.

A PARIS,
Chez CHRISTOPHE BALLARD, seul Imprimeur du Roy
pour la Musique, ruë S. Jean de Beauvais, au Mont-Parnasse.

M. DCCV.
Avec Privilege de Sa Majesté.

LE PRIX EST DE TRENTE SOLS.

PROLOGUE.

PERSONNAGES CHANTANTS.

ENUS,   Mademoiselle Poussin.

PLAISIRS, DIVINITEZ, & PEUPLES.

NOMS DES ACTRICES, ET DES ACTEURS chantants dans tous les Chœurs du Prologue, & de l'Opera.

MESDEMOISELLES.

Cénet.	Basset.	Dujardin.	Joubert.
Dupeyré.	Vincent.	Poussin.	Cochereau.
Duval.	Loignon.	Demerville.	Aubert.
Guillet.			

MESSIEURS.

Prunier.	La Coste.	Desvoys.	Lebel.
Courteil.	Cadot.	Mantienne.	Boutelou-fils.
Solé.	Jolain.	Alexandre.	Perere.
Renard.	Bertrand.	Le Jeune.	Paris.
Fournier.	Dacqueville.		

PERSONNAGES DANSANTS
du Prologue.

GRACES.
Mesdemoiselles Saligny, Bassecourt, & Carré.

DRIADES.
Mesdemoiselles Provost, & Guyot.

JEUX.
Messieurs Dumirail, & Javillier.

PLAISIRS.
Messieurs Blondy, & Ferrand.

PEUPLES DE LA SUITE DE VENUS.
Monsieur Dangeville-L.
Messieurs Germain, Dumoulin-L., Dumoulin-C., & Dumoulin-le-Jeune.

AMOURS.
Messieurs Pierret, Gillet, Laporte, & Salé.

MARS.
Monsieur Blondy.

SUITE DE MARS.
Messieurs Dumoulin-L., Ferrand, Germain, Dumirail, Dangeville-L., & Dumoulin-le-Jeune.

LE TRIOMPHE DE L'AMOUR,

PROLOGUE.

Le Théatre représente un lieu magnifique, disposé pour recevoir l'Amour.

VENUS, DIVINITEZ, & PEUPLES, placez autour du Theatre.

VENUS.

UN Heros que le Ciel fit naître
Pour le bonheur de cent Peuples divers,
   Aime mieux calmer l'univers,
Que d'achever de s'en rendre le maître.

B

LE TRIOMPHE DE L'AMOUR,

Il cherche à rendre heureux jusqu'à ses Ennemis :
Tout est par ses Travaux dans une paix profonde ;
Ce n'est plus qu'à l'Amour qu'il peut estre permis
    De troubler le repos du monde.

    Tranquiles Cœurs, préparez-vous
    A mille secrettes allarmes ;
    Vous perdrez ce repos si doux,
    Dont vous estimez tant les charmes ;
Mais les troubles d'amour ont cent fois plus d'attraits,
    Que la plus douce paix.

Nymphes des eaux, Nymphes de ce boccage,
Faites briller vos plus charmants appas :
    Plaisirs, Graces, suivez mes pas,
    Qu'avec nous tout s'engage
    A celebrer la gloire de mon Fils ;
Dieux qu'il a surmontez, Mortels qu'il a soûmis,
    Venez luy rendre hommage.
    L'Amour, le Vainqueur des Vainqueurs,
    Va triompher de tous les cœurs.

CHOEUR.

L'Amour, le Vainqueur des Vainqueurs,
Va triompher de tous les cœurs.

LES GRACES, LES DRYADES, LES NAÏADES,
& les PLAISIRS, viennent accompagner VENUS.

PROLOGUE.
VENUS.

Si quelquefois l'Amour cause des peines,
Que c'est un danger, qu'il est doux de courir!
Ce Dieu charmant sous ses plus rudes chaînes,
   Fait aimer les maux qu'il fait souffrir:
      Faut-il les craindre?
      Faut-il s'en plaindre?
Qui les ressent n'en veut jamais guerir.

Fieres Beautez, vos rigueurs seront vaines,
Tout cede à l'Amour, tout se laisse attendrir.
Ce Dieu charmant sous ses plus rudes chaînes,
   Fait aimer les maux qu'il fait souffrir:
      Faut-il les craindre?
      Faut-il s'en plaindre?
Qui les ressent n'en veut jamais guerir.

DEUX PLAISIRS.

Un cœur toûjours en paix, sans amour, sans desirs,
   Est moins heureux que l'on ne pense:
   Les plaisirs de l'indifference
   Sont d'ennuyeux plaisirs.

Les maux que fait l'Amour, ses chagrins, ses soûpirs,
   Ne sont des maux qu'en apparence:
   Les plaisirs de l'indifference
   Sont d'ennuyeux plaisirs.

LE TRIOMPHE DE L'AMOUR,
VENUS, & LES PLAISIRS.

Non, non, il n'est pas possible
De contraindre un cœur sensible
A n'aimer jamais :
C'est pour l'Amour que tous les cœurs sont faits.

VENUS.

Contre un Dieu si charmant quel cœur est invincible?

VENUS, & LES PLAISIRS.

On fuit en vain d'inévitables traits.
C'est pour l'Amour que tous les cœurs sont faits.

VENUS, les PLAISIRS, le CHOEUR des DIVINITEZ & des PEUPLES.

Non, non, il n'est pas possible
De contraindre un cœur sensible
A n'aimer jamais :
C'est pour l'Amour que tous les cœurs sont faits.

On entend un bruit de Guerre.

VENUS.

Mais quels Tambours, quelles Trompettes,
Viennent troubler la Paix dans ces Retraites.

Le bruit de Guerre continuë.

VENUS.

Amours, souffrirez-vous que Mars regne en ces lieux,
Desarmez cet Audacieux.

PROLOGUE.
ENTRE'E DE MARS, & DES AMOURS.
CHOEUR.

Non, non, il n'est pas possible
De contraindre un cœur sensible
A n'aimer jamais :
C'est pour l'Amour que tous les cœurs sont faits.

FIN DU PROLOGUE.

PREMIERE ENTRE'E.

PERSONNAGES CHANTANTS.

MPHITRITE, Mademoiselle Journet.
NEPTUNE, Monsieur Dun.
AGLAURE, *Confidente d'Amphitrite*, Melle Loignon.

PERSONNAGES DANSANTS.

Premier Divertissement.

BORE'E.
Monsieur Blondy.

VENTS.
Messieurs Germain, Dumoulin-L., Javillier, & Marcel.

ORITHIE.
Mademoiselle Provost.

NYMPHES.
Mesdemoiselles Carré, Guyot, Saligny, & Mangot.

Second Divertissement.

TRITONS.
Monsieur Balon.
Messieurs Dumoulin-L., Dumirail, Dangeville-C., Dumoulin-C., & Dumoulin-le-Jeune.

NEREIDES.
Mesdemoiselles Dangeville, & Bassecourt.

DEUXIÉME ENTRE'E.

PERSONNAGES CHANTANTS.

DIANE, Mademoiselle Poussin.
ENDIMION, Monsieur Boutelou-fils.
LA NUIT, Mademoiselle Dupeyré.
LE MYSTERE, Monsieur Chopelet.
LE SILENCE, Monsieur Perere.
SONGES, Messieurs Lebel, Mantienne, & Fournier.

PERSONNAGES DANSANTS.

Premier Divertissement.

NYMPHES DE DIANE.

Mademoiselle Subligny.
Mesdemoiselles Saligny, Dangeville, Guyot,
& Bassecourt.

Second Divertissement.

SONGES.

Messieurs Dumoulin-L., Germain, Dangeville-L.,
Dangeville-C., Javillier, & Marcel.

TROISIE'ME ENTRE'E.

PERSONNAGES CHANTANTS.

ARIANE,   Mademoiselle Journet.
BACHUS,   Monsieur Hardoüin.
SUIVANT de Bachus,   Mr. Fournier.
UNE INDIENE,   Mademoiselle Loignon.
AUTRE INDIENE,   Mademoiselle Vincent.

PERSONNAGES DANSANTS.

GRECQUES.

Mesdemoiselles Dangeville, Bassecourt, Morancourt, Provost & Carré.

INDIENS.

Messieurs Germain, Dumoulin-L., Dumoulin-le-Jeune, Dangeville-L., & Dumoulin-C.

MORE, & MORESQUE.

Monsieur Dangeville-L., & Mademoiselle le Conte.

QUATRIE'ME

QUATRIE'ME ENTRE'E.

PERSONNAGES CHANTANTS.

APOLLON,	Monsieur Thevenard.
DAPHNE',	Mademoiselle Poussin.
MERCURE,	Monsieur Mantienne.
LE CORIPHE',	Monsieur Fournier.
L'AMOUR,	Monsieur Boutelou-fils.
LA JEUNESSE,	Mademoiselle Vincent.
SUIVANTE DE FLORE,	Mademoiselle Aubert.

PERSONNAGES DANSANTS.

Premier Divertissement.

SUITE D'APOLLON, BERGERS.

Monsieur Balon.
Messieurs Germain, & Dumoulin, les trois freres.

Second Divertissement.

PAN.

Monsieur Dumoulin-C.

SUITE DE PAN.

Messieurs Dangeville-L., Dangeville-C., Dumirail, & Marcel.

D

Troisiéme Divertissement.

ZEPHIRE.
Monsieur Balon.
SUIVANTS DE ZEPHIRE.
Messieurs Germain, Dumoulin-L., & Dumoulin le-J.
FLORE.
Mademoiselle Subligny.
SUITE DE FLORE.
Mesdemoiselles Provost, Carré, & Mangot.

Quatriéme Divertissement.

LA JEUNESSE.
Mademoiselle Guyot.
SUITE DE LA JEUNESSE.
Messieurs Pierret, la Porte, Gillet, & Salé.

✤✤

PREMIERE ENTRÉE.

Le Théatre représente le rivage
de la Mer.

SCENE PREMIERE.

AMPHITRITE seule.

Fierté, severe Honneur, vous deffendez d'aimer;
Mais pour garder nos cœurs, nous donnez-vous
des armes?
Ah! que n'empêchez-vous que l'Amour ait des charmes,
Si vous ne voulez pas qu'il puisse nous charmer!

D ij

SCENE DEUXIE'ME.
AMPHITRITE, AGLAURE.

AGLAURE.

Quoy ! viendrez-vous toûjours rêver sur ce rivage ?
Déesse, vous fuyez vos Nymphes avec soin ;
De vos secrets ennuis, ne puis-je estre témoin ?
Souffrez que mon cœur les partage.

AMPHITRITE.

Et pourquoy veux-tu pénétrer
Ce qui fait mon inquietude ?
Moy-même en ce moment je voudrois l'ignorer.

AGLAURE.

Quand vous cherchez la solitude,
N'est-ce pas pour y soûpirer ?

AMPHITRITE.

Helas !

AGLAURE.

Neptune vous adore,
A ce tendre soûpir n'auroit-il point de part ?

AMPHITRITE.

Je voudrois le haïr : mais, helas ! chere Aglaure !
Je crains de le vouloir trop tard.

OPERA.
AGLAURE.

Lorsqu'un Amant fidelle & tendre
Cherche à nous enflâmer ;
A quoy sert-il de se deffendre ?
L'on ne sçauroit trop-tôt l'aimer.

AMPHITRITE.

Mon cœur fut toûjours insensible,
La seule indifference eût pour moy des attraits ;
Que ne m'est-il encor possible
D'éviter de l'Amour les redoutables traits ?

AGLAURE.

L'Amour est-il si redoutable ?

AMPHITRITE

Est-il un Dieu plus dangereux !
Plus il se montre favorable,
Plus il rend un cœur malheureux.

AGLAURE.

Ah ! vôtre injustice est extrême,
Insensible jusqu'à ce jour,
Vous aimez enfin qui vous aime,
Et vous vous plaignez de l'Amour !

Ne craignez vous pas sa vengeance ?
Il est prompt à punir, quand il est outragé.

AMPHITRITE.

J'ay perdu mon indifference,
Il n'est déja que trop vengé.
Que je veux de mal à Neptune
D'avoir sçû m'inspirer une fatale ardeur ?
L'Amant a beau flatter mon cœur,
Je sens que l'Amour m'importune :
Tu vois avec quel soin je le fuis chaque jour ;
Je ne le fuyrois pas, s'il n'avoit point d'amour.

LE TRIOMPHE DE L'AMOUR,

On entend un grand bruit de vents.

AMPHITRITE & AGLAURE.

Quels bruits! quels vents! ah! quel affreux orage
Vient de troubler le sein des Mers!

ENTRE'E DE VENTS de la Suite de BORE'E.

AMPHITRITE, & AGLAURE.

Quels bruits! quels vents! ah! quel affreux orage
Vient de troubler le sein des Mers!

ORITHIE fuit devant BORE'E.

AMPHITRITE, & AGLAURE.

On poursuit Orithie, ô transport plein de rage!
Ciel! Borée en fureur l'enleve dans les airs!

AMPHITRITE.

Tu vois les maux que l'Amour cause.

AGLAURE.

L'Amour quand on le veut cause un bonheur charmant.
Apprenez d'Orithie à quel sort on s'expose,
Lorsqu'on desespere un Amant.

AMPHITRITE.

Quoy! Neptune pourroit.. Ah! mortelles allarmes!

AGLAURE.

Hâtez-vous de le rendre heureux.

ENSEMBLE.

A l'Amour { rendons / rendez } les armes,
Rien n'est plus doux que de sentir ses feux;
C'est un bien remply de charmes;
Pourquoy faut-il en faire un mal affreux?

Je vois Neptune qui s'avance,
Que ne puis-je éviter sa fatale presence!

OPERA.

NEPTUNE.

Cedez, belle Amphitrite à mes soins amoureux,
  Cedez à ma perseverance.
Je tiens la vaste Mer sous mon obeïssance ;
J'ouvre & ferme à mon gré ses gouffres les plus creux.
Je souleve les flots, & je puis quand je veux,
  Calmer leur violence :
 Mais quelle que soit ma puissance,
Si je ne puis fléchir vôtre cœur rigoureux,
 Je ne puis jamais estre heureux.

AMPHITRITE.

  Ah ! qu'un fidelle Amant
   Est redoutable !
J'avois juré de fuir un tendre engagement,
Je ne le croyois pas un mal inévitable :
Pourquoy m'obligez-vous à rompre mon serment ?
  Ah ! qu'un fidelle Amant
   Est redoutable !
Que n'aimez-vous moins constamment ?
Je goûtois un repos aimable,
Vous m'ostez un bien si charmant.
  Ah ! qu'un fidelle Amant
   Est redoutable !

NEPTUNE.

Quoy ! je puis voir enfin cesser vôtre rigueur.

AMPHITRITE.

Malgré-moy, vôtre amour vainqueur
  Me réduit à me rendre :
  Vous n'auriez pas mon cœur,
S'il pouvoit encore se deffendre.

LE TRIOMPHE DE L'AMOUR,

ENSEMBLE.

Il faut aimer, c'est un fatal destin,
Qui croit s'en affranchir s'abuse:
L'Amour arrache à la fin
Le tribut qu'on luy refuse.

NEPTUNE.

Divinitez qui me faites la cour,
Admirez avec moy le pouvoir de l'Amour.

Les Dieux de la Mer, & les Nereïdes viennent se réjoüir du bonheur de NEPTUNE, & témoignent leur joye par leurs danses.

SCENE TROISIE'ME.
NEPTUNE, AMPHITRITE.

ENSEMBLE.

Que tout célébre icy la gloire
Du puissant Dieu qui fait aimer :
Puisqu'il a sçû nous enflâmer,
Il doit sur tous les Dieux remporter la victoire.

CHOEUR.

Que tout célébre icy la gloire
Du puissant Dieu qui fait aimer :
Puisqu'il a sçû nous enflâmer,
Il doit sur tous les Dieux remporter la victoire.

ENSEMBLE.

C'est en vain qu'à l'Amour on se veut opposer,
L'atteinte de ses traits n'en est que plus profonde.
Son empire est l'écüeil où se viennent briser
    Les plus superbes cœurs du monde.
C'est en vain qu'à l'Amour on se veut opposer,
Il n'est rien de si froid qu'il ne puisse embrâser,
    Il brûle jusqu'au sein de l'onde.
C'est en vain qu'à l'Amour on se veut opposer,
L'atteinte de ses traits n'en est que plus profonde.

AMPHITRITE.

Un cœur qui veut eſtre volage
Se laiſſe aiſément engager:
Mon cœur mal-aiſément s'engage,
Mais c'eſt pour ne jamais changer.

ENSEMBLE.

Avant que de prendre une chaîne,
Peut-on trop long-temps y ſonger?
Il faut s'engager avec peine,
Quand c'eſt pour ne jamais changer.

CHOEUR.

Que tout célébre icy la gloire
Du puiſſant Dieu qui fait aimer:
Puiſqu'il a ſçû nous emflâmer,
Il doit ſur tous les Dieux remporter la victoire.

FIN DE LA SECONDE ENTRE'E.

DEUXIE'ME ENTRE'E.

Le Theatre représente un Bois, consacré
à DIANE.

SCENE PREMIERE.
DIANE, Nymphes de DIANE.
DIANE.

Va, dangereux Amour, va, fuy loin de ces bois,
Je veux y conserver la paix & l'innocence.
Les plus grands Dieux t'ont cedé mille fois,
Et je prétens toûjours te faire résistance.
Plus on voit de grands cœurs asservis à tes loix,
　　Plus il est beau de braver ta puissance.
Va dangereux Amour, va, fuy loin de ces bois,
Je veux y conserver la paix & l'innocence.

　Les Nymphes de DIANE dansent, & témoignent la joye qu'elles ont d'estre exemptes des peines de l'Amour, & de joüir des douceurs de la liberté.

DIANE.

Un cœur maître de luy-même
Est toûjours heureux.
C'est la liberté que j'ayme,
Elle comble tous mes vœux,
Un cœur maître de luy-même
Est toûjours heureux.
Fuyons la contrainte extréme
D'un esclavage amoureux.
Un cœur maître de luy-même
Est toûjours heureux.

Dans ces Forests, venez suivre nos pas
Vous qui voulez fuir l'Amour & ses flâmes :
C'est vainement qu'il menace nos ames,
   Tous ses efforts n'en triomphent pas.
Malgré l'Amour, au mépris de ses armes,
Nôtre fierté ne se rend jamais ;
   Malgré ses traits,
   Nous vivons sans allarmes,
   Malgré ses traits,
   Nous vivons en paix.

Ce Dieu si fier, si terrible, & si fort,
Perd son pouvoir, quand on veut s'en deffendre,
S'il est des cœurs qu'il oblige à se rendre,
   C'est qu'en secret ils en sont d'accord.
Malgré l'Amour, au mépris de ses armes,
Nôtre fierté ne se rend jamais,
   Malgré ses traits
   Nous vivons sans allarmes,
   Malgré ses traits
   Nous vivons en paix.

OPERA.

DIANE apercevant ENDIMION.

Mais, qu'est-ce que je vois, quel Mortel téméraire
 Ose se montrer à mes yeux.

SCENE DEUXIEME.
DIANE, Nymphes de DIANE, ENDIMION.

DIANE.

ARreste, jeune Audacieux,
Tremble, crain ma juste colere ;
Que viens-tu chercher en ces lieux ?

ENDIMION.

Mon troupeau dans ces Bois erroit à l'aventure,
En pleine liberté je le laissois aller :
 L'approche de la nuit obscure,
 M'a contraint à le rassembler.
C'est-la l'unique soin qui prés de vous m'appelle,
Belle Nymphe, le sort conduit icy mes pas,
 M'en faites-vous un crime ? helas !
Vous n'avez pas besoin d'estre injuste & cruelle,
Je suis assez puny, quand je vois tant d'appas.

DIANE à part.

Qu'entens-je...... Par quel nouveau crime
 Vient-il irriter mon courroux ?
Suivons sans differer la fureur qui m'anime,
Faisons-luy ressentir mes plus terribles coups :
 Que par des traits inévitables
Il perde pour jamais la lumiere des Cieux.

ENDIMION.

Ah! vos traits les plus redoutables
Sont ceux qui partent de vos yeux!
Frappez, achevez vôtre ouvrage,
Donnez-moy le trépas, il me sera trop doux :
Percez un cœur qui vous outrage ;
Je seray trop heureux de mourir par vos coups.

DIANE à part.

Quelle indigne pitié s'oppose à ma vengeance ?
Quand je ne dois montrer qu'un courroux inhumain
Il m'aime, est-il pour moy de plus sensible offense ?
Mais preste à l'en punir, d'où vient que je balance ?
Les traits me tombent de la main.

Elle laisse tomber ses Fleches.

En vain ma fierté le condamne,
Helas! plus je le vois, & plus je m'attendris.

à ENDIMION.

Va, fuy, mais pour jamais, & sçache que Diane,
Ne te pardonne qu'à ce prix.

ENDIMION.

Diane, ô Ciel!

DIANE.

Du sort qui te menace
Hâte-toy de te garentir.

ENDIMION.

Vous l'ordonnez, il faut partir,
Déesse, mais en vain je connois mon audace,
Je ne sçaurois m'en repentir.

Il se retire, DIANE rêve quelque temps au bruit d'une douce Symphonie

SCENE TROISIEME.
DIANE, Nymphes de sa Suite.

UNE NYMPHE.

REprenons nos chants d'allegresse,
Rien n'en trouble plus la douceur,

DIANE.

Allez, retirez-vous : un nouveau soin me presse,
Ne soyez plus témoin du trouble de mon cœur.

Les Nimphes se retirent.

Qu'ay-je vû! quelle ardeur fatale,
Des yeux de ce Berger a passé jusqu'à moy,
Que devient pour l'Amour mon horreur sans égale?
Mon cœur avec plaisir se soûmet à sa loy!
   Ah! défions-nous de ses charmes;
Guerissons s'il se peut, d'un mal encor naissant,
Il me cause déja de mortelles allarmes:
Que ne fera-t'il point s'il devient plus puissant?

Mais la nuit icy bas vient ramener les ombres,
   Cachons-nous sous ses voiles sombres.

SCENE QUATRIE'ME.

LA NUIT, DIANE cachée.
LE MYSTERE, LE SILENCE,
Troupe de Songes.

LA NUIT.

Voicy le favorable temps
 Où tous les cœurs doivent estre paisibles.
Le Silence revient, fuyez Bruits éclatants :
 Reposez-vous, Travaux penibles.
Cœurs agitez de soins, & de desirs flotants,
 Soyez calmez dans ces heureux instants :
Oubliez vos ennuis, Cœurs tendres, Cœurs sensibles,
 Que l'Amour ne rend pas contents.
Voicy le favorable temps
 Où tous les cœurs doivent estre paisibles.

LE MYSTERE.

On ne peut trop cacher les secrets amoureux.
Estends, obscure Nuit, tes voiles les plus sombres :
 Pren soin de redoubler tes ombres
 En faveur des Amants heureux :
On ne peut trop cacher les secrets amoureux.

OPERA.

LA NUIT.
Il est des Nuits charmantes
Qui valent bien les plus beaux jours.
Le calme & le repos sont un puissant secours,
Pour soulager les ames languissantes.
L'ombre est favorable aux amours ;
Il est des Nuits charmantes
Qui valent bien les plus beaux jours.

LE MYSTERE.
L'Amour heureux doit se taire
Son bonheur ne dure guére
Lors qu'il ne le cache pas.
Le Mystere
En doit faire
Les plus doux appas.

LA NUIT.
Amants, ne craignez rien, l'ombre vous sert d'azile,
Veillez, heureux Amants, les Plaisirs les plus doux
Veilleront avec vous.

Le SILENCE s'aproche du MYSTERE & de la NUIT,
& les exhorte à se taire.

LE SILENCE.
Que tout soit tranquile,
Taisons-nous.

LE MYSTERE.
L'éclat est dangereux, le secret est utile,
Amants, veillez sans bruit, il n'est que trop facile
D'éveiller les facheux Jaloux.

F

LE SILENCE.
Que tout soit tranquile,
Taisons-nous.
LA NUIT, LE MYSTERE, & LE SILENCE.
Que tout soit tranquile,
Taisons-nous.

DIANE vaincue par l'AMOUR, & honteuse de sa défaite, vient prier la NUIT de luy donner du secours.

DIANE.

Je ne puis plus braver l'Amour & sa puissance,
Endimion m'a paru trop charmant ;
Mon trouble s'accroît quand j'y pense,
Et malgré moy j'y pense à tout moment.
Mon cœur, qui fut si fier, se lasse enfin de l'estre
Dans des liens honteux il demeure engagé :
Je trouve mon cœur si changé
Que j'ay peine à le reconnoistre,
J'ay trop bravé l'Amour, & l'Amour s'est vangé.

Nuit charmante & paisible,
Tu rends le calme à l'Univers,
Helas ! rend-moy s'il est possible,
Le repos que je pers.

LA NUIT.

L'Amour veille quand tout repose,
Il va troubler les cœurs qu'ils a contraint d'aimer.
Le premier trouble qu'il cause,
Est difficile à calmer.

DIANE.

Malgré tous mes efforts un trait fatal me blesse,
Et du fonds de mon cœur je ne puis l'arracher.
 Qui ne peut vaincre sa foiblesse
  Doit au moins la cacher.

Sombre Nuit, cache-moy s'il se peut, à moy-même,
Prete à mon cœur troublé tes voiles tenebreux,
 Pour couvrir son desordre extréme ;
Cache à tout l'Univers la honte de mes feux,
Dérobe ma foiblesse aux yeux de ce que j'ayme,
Sombre Nuit, cache-moy s'il se peut, à moy-même.

DIANE se retire.

LA NUIT.

Vous, qui fuyez la lumiere & le bruit,
Songes, rassemblez-vous dans mon obscur empire ;
 Secondez-moy, c'est l'Amour qui m'instruit,
A charmer la rigueur d'un amoureux martyre.
  Executez ce qu'il m'inspire :
 Qu'Endimion en dormant soit conduit
  Où Diane en secret soûpire
Songes, obeïssez aux ordres de la Nuit.

Les SONGES s'assemblent & se preparent à servir DIANE suivant les ordres de la NUIT.

CHOEUR DES SONGES.

Exécutons ce que l'Amour inspire,
 Qu'Endimion en dormant soit conduit
 Où Diane en secret soûpire,
 Obeïssons aux ordres de la Nuit.

Les SONGES dansent, Endimion paroist en dormy au fonds du Théatre.

LE TRIOMPHE DE L'AMOUR,
UN SONGE.

Qu'un tendre cœur est flaté par un songe,
Qui de ses maux suspend le triste cours;
Il ne sçait pas que c'est un doux mensonge,
Mais il voudroit qu'il pût durer toûjours.

Les SONGES continuent leurs Danses.

TROIS SONGES.

Un songe heureux n'est rien qu'une imposture,
Qui se dissipe avec la nuit obscure;
Mais ne dût-il durer qu'un seul moment,
Du moins ce bien charmant,
Enchante autant qu'il dure.

FIN DE LA TROISIE'ME ENTRE'E.

TROISIEME ENTRÉE.

Le Théatre représente l'Isle de Naxe:
on voit un vaisseau qui s'en éloigne.

SCENE PREMIERE.
ARIANE, FILLES GRECQUES de sa Suite.

ARIANE.

Thesée est donc party ? *Dieux!* quelle chaîne
 il brise !
 Arreste, où fuy-tu, cher Amant ?
Helas ! l'onde luy rit, le vent le favorise,
 Je le rapelle vainement ;
Quoy ? les Vents en courroux ne luy font point la guerre !
Le Ciel n'est pas encor armé de son Tonnerre !
La Mer pour son vaisseau n'a point d'abîme affreux !
Dieux, qui le protegez au moment qu'il m'accable,
 Qui voudra n'estre point coupable,
 Si vous rendez le crime heureux.

Mais parmy ces rochers, quels bruits se font entendre ?
A quel nouveau malheur mon cœur doit-il s'attendre ?

SCENE DEUXIEME.
ARIANE, BACHUS, & leur Suite.

ARIANE.
Quoy ! je revois encore des Mortels en ces lieux.
BACHUS.
Quel Objet enchante mes yeux !
ARIANE.
Fuyons leur présence importune,
BACHUS.
Ah ! demeurez.
ARIANE.
O Ciel ! quelle est mon infortune !
BACHUS.
Pourquoy m'ôter un bien que je trouve si doux ?
ARIANE.
Non, laissez-moy.
BACHUS.
Que craignez-vous ?
Quel sort vous a conduit en ce lieu solitaire !
D'où naissent vos soûpirs ? Qui fait couler vos pleurs ?
ARIANE.
Ariane est mon nom, & Minos est mon Pere.
Un Perfide qui m'a sçû plaire,
Cause mes mortelles douleurs.

BACHUS.

Un Perfide! eh! qui pourroit l'estre
Auprés de si charmants appas?
Mais quoy, de vôtre cœur il est encor le maître?
Pourquoy s'il vous trahit, ne l'oubliez-vous pas?

ARIANE.

Mon dépit, mon repos, ma gloire,
Tout me dit d'oublier un indigne Vainqueur;
Mais comment le bannir de ma triste mémoire,
Si je ne puis, helas! le bannir de mon cœur!

BACHUS.

Vengez-vous, le Dépit, la Gloire, tout l'ordonne,
D'une chaîne fatale il faut vous dégager;
Un Perfide vous abandonne,
Souffrez qu'un cœur fidelle ait soin de vous venger.

ARIANE.

Eh! parmy les Mortels, est-il un cœur fidelle?

BACHUS.

Les Dieux garderont mieux leur foy.
Un Fils de Jupiter soûmis à vôtre Loy,
Vous jure une amour éternelle;
Vous le voyez à vos genoux
Bachus n'aima jamais, & veut n'aimer que vous.

ARIANE.
Qu'entens-je ? un Dieu pour moy soûpire !
Quel triomphe est plus glorieux !
BACHUS.
Suivez les doux transports qu'un tendre amour inspire.
ARIANE.
Non, ne m'engagez plus sous l'amoureux empire,
Je dois me défier des Mortels, & des Dieux.

BACHUS.
Punissez qui vous outrage,
Montrez un dépit éclatant ;
Mais pour mieux punir un Volage,
Couronnez un Amant constant.
ARIANE.
Eh ! qui me répondra qu'une constante flamme
Regnera dans vôtre ame !
BACHUS.
Faut-il par des serments rassûrer vôtre cœur ?
ARIANE.
Thesée m'en avoit fait, m'en a-t'il moins trahie ?
BACHUS.
Vous voulez par vôtre rigueur
Me punir de sa perfidie.

Ah ! vous cachez en vain vos injustes mépris !
Je ne ressens pour vous que des ardeurs parfaites ;
Et cependant, Cruelle que vous estes,
L'indifference en est le prix.

ARIANE.

OPERA.
ARIANE.

Si je n'avois pour vous que de l'indifference,
Mon cœur seroit moins allarmé;
Et vous n'estes que trop aimé,
Puisque je crains vôtre inconstance.

BACHUS.

Vous m'aimez, dites-vous!

ARIANE.

Je ne le devrois pas.
Mais le cruel Amour à moy-même m'arrache ;
Il a mille rigueurs qu'avec soin il me cache,
Je ne vois plus que ses appas.
Helas! me serez-vous fidelle?

BACHUS.

Moy, je pourrois brûler d'une flâme nouvelle!
Plus l'amour est constant, & plus il a d'attraits,
Aymons, aymons-nous à jamais.

ARIANE, ET BACHUS.

Plus l'amour est constant, & plus il a d'attraits,
Aymons, aymons-nous à jamais.

BACHUS, aux INDIENS.

Fidelles Temoins de ma gloire,
Célébrez de l'Amour la nouvelle victoire;
Le plus grand de tous les Vainqueurs,
Est celuy qui sçait l'art de triompher des cœurs.

LE CHOEUR.

Le plus grand de tous les Vainqueurs,
Est celuy qui sçait l'art de triompher des cœurs.

G

UN INDIEN.

Bachus revient vainqueur des climats de l'Aurore,
Il traîne aprés son char mille peuples vaincus :
Il méprisoit l'Amour, mais l'Amour est encore
Un Vainqueur plus puissant mille fois que Bachus.

Il aime enfin, sa fierté se désarme ;
D'un seul regard Ariane le charme ;
A ce superbe cœur l'Amour donne des fers.

Bachus n'a triomphé du Monde qu'avec peine,
Et qu'aprés cent travaux divers
L'Amour sans effort enchaîne
Le Vainqueur de l'Univers.

DEUX INDIENES.

Non, la plus fiere Liberté
Contre l'Amour n'est pas en sûreté
Entre les bras de la Victoire.

L'éclat de mille exploits d'éternelle memoire
N'exempte pas des tourments amoureux,
On n'est pas moins atteint d'un mal si dangereux
Pour estre au comble de la gloire.

Non, la plus fiere Liberté
Contre l'Amour n'est pas en sûreté,
Entre les bras de la Victoire.

OPERA.
L'INDIEN.
Tout ressent les feux de l'Amour,
Sa flâme va plus loin que la clarté du jour.
L'INDIENE.
Rien ne respire
Qui ne soûpire.
AUTRE INDIENE.
Dans les plus froids climats
Est-il un cœur qui ne s'enflâme pas ?
L'INDIEN.
Plus loin que le Soleil dans sa vaste carriere.
Ne porte la lumiere,
De l'amoureuse ardeur on ressent les appas.
LES DEUX INDIENES.
Tout l'Univers seroit sans ame,
S'il n'étoit pénétré d'une si douce flâme.
TOUS.
Tout ressent les feux de l'Amour,
Sa flâme va plus loin que la clarté du jour.

Les INDIENS de la Suite de BACHUS, & les Filles Greques de la suite d'ARIANE, se réjoüissent de voir ARIANE & BACHUS touchez d'une amour mutuelle.

ENTRE'E D'INDIENS, ET D'INDIENES.
TOUS.
Pourquoy tant se contraindre
Pour garder son cœur ?
Eh ! quel mal peut-on craindre
De l'Amour vainqueur ?

G ij

LE TRIOMPHE DE L'AMOUR,

UNE INDIENE.

On se plaint sans raison d'être sensible :
Tous les biens, sans l'Amour, sont des biens imparfaits,
On se lasse d'un cœur toûjours paisible,
On s'ennuye à la fin d'une trop longue paix.

TOUS.

Pourquoy tant se contraindre
Pour garder son cœur ?
Eh ! quel mal peut-on craindre
De l'Amour vainqueur ?

Le Divertissement continuë.

TOUS.

Quelle heureuse foiblesse !
Quel heureux tourment !
Non, l'Amour ne nous blesse,
Que d'un trait charmant.

UNE INDIENE.

Ses douleurs font verser de douces larmes ;
Il accroît les plaisirs par ses allarmes ;
Il nous cause des maux dont les Dieux sont jaloux !
Ah ! quel cœur peut tenir contre ses charmes !

L'INDIEN, ET LES DEUX INDIENES.

Ah ! cedons, rendons-nous,
Rendons les armes :
Ah ! cedons à ces coups,
Il n'est rien de si doux.

TOUS repetent, Qu'elle heureuse, &c.

FIN DE LA TROISIE'ME ENTRE'E.

QUATRIÉME ENTRÉE.

Le Théatre représente les Rives du Fleuve
PENÉE.

SCENE PREMIERE.

Les BERGERS Héroïques de la suite d'APOLLON viennent célébrer pour la premiere fois les Jeux Pithiens, instituez à l'honneur de la Victoire de ce Dieu, sur le Serpent PITHON.

ENTRÉE de quatre BERGERS Héroïques.

LE CORIPHÉE des BERGERS Héroïques.

UN Monstre affreux nous déclare la Guerre,
Un Dieu puissant en a vengé la Terre.
Célébrons en ces lieux la gloire d'Apollon,
Par des Jeux à jamais durables;
Ses fleches redoutables
Triomphent du Serpent Pithon.

LE CHOEUR répete les quatre derniers Vers.

SCENE DEUXIEME.
APOLLON. Suite d'APOLLON.
APOLLON.

C'Est assez de mes traits célebrer la puissance,
 L'Amour est enfin mon vainqueur;
J'avois jusqu'à ce jour deffié sa vengeance,
Mais d'un trait tout de flâme il m'a percé le cœur.
 C'est pour d'Aphné que je soûpire,
Tout les jours sa présence embellit ce sejour;
 Allez, allez que chacun se retire;
Je luy veux sans témoins, parler de mon amour.

SCENE TROISIEME.
APOLLON seul.

SEras-tu toûjours inhumaine?
Daphné, ne puis-je enfin desarmer ta fierté?
N'ay-je pris dans tes yeux qu'une tendresse vaine?
Pourquoy tant de rigueur avec tant de beauté?
Ah! je le voy; l'Amour que j'ay trop irrité,
Redouble tes attraits pour augmenter ma peine;
Mais faut-il que l'Amour se venge par la haine?
Daphné, ne puis-je enfin desarmer ta fierté?
 Seras-tu toûjours Inhumaine?

Il apperçoit Daphné, qui veut se retirer en le voyant.
APOLLON.
Je la vois, elle fuit, ah! ne le souffrons pas.

SCENE QUATRIEME.
APOLLON, DAPHNÉ
ENSEMBLE.

Non, non, { ne fuyez point / ne suivez point } mes pas.

Je veux enfin / Vous ne pouvez { toucher } vôtre / mon ame.

Répondez à ma / Eteignez vôtre } flâme.

Non, non, { ne fuyez point / ne suivez point } mes pas.

APOLLON.
Quoy, fuirez-vous toûjours un Dieu qui vous adore ?
Cedez, Nymphe charmante, au feu qui me dévore,
L'Amour a tant d'attraits, suivez sa douce loy.

DAPHNÉ.
Perdez une vaine esperance.
Vous devez n'attendre de moy
Qu'une éternelle indifference.

APOLLON.
Le Dieu brillant qui fait naître le jour
Ne peut-il vous offrir un cœur digne du vôtre.

DAPHNÉ.
Le Dieu puissant qui fait naître l'amour
N'a pas fait nos cœurs l'un pour l'autre.

APOLLON.
Il n'est que trop puissant quand il est dans vos yeux,
Mais il se flatte en vain de triompher des Dieux;
Quelque soit son pouvoir aux Mortels si terrible,
Il a beau contre moy vous armer de rigueur,
Je veux sans son secours attendrir vôtre cœur,
    Fut-il cent fois plus insensible.

DAPHNE'.
Je pourrois vous aimer! non, ne l'esperez pas:
Mais je vois des transports que ma présence irrite,
    Pour les calmer il faut que je vous quitte.

ENSEMBLE.
Non, non, { ne fuyez point / ne suivez point } mes pas.

Je veux enfin { toucher } vôtre
Vous ne pouvez { toucher } mon ame.

    Répondez à ma
    Eteignez vôtre } flâme.

Non, non, { ne fuyez point / ne suivez point } mes pas.

DAPHNE'.
Dieux! il me suit toûjours, ô Penée, ô mon Pere.
    Ce n'est plus qu'en toy que j'espere.

APOLLON.
    Non, vous avez beau le prier,
Ciel, elle disparoît, & n'est plus qu'un Laurier.

SCENE

SCENE CINQUIEME.
APOLLON seul.

Qu'ay-je fait ? Malheureux ! mon amour téméraire
Vient de priver du jour des yeux remplis d'attraits.
 Daphné, Nymphe à mon cœur si chere,
 Faut-il te perdre pour jamais ?
 Quels accents ! quelle voix plaintive !
 Ce Fleuve, auteur de ses beaux jours,
 Pour écouter suspend son cours,
A ces derniers soûpirs, son onde est attentive.
Helas ! que ces regrets attendrissent mon cœur.
 Elle se plaint de ma rigueur.
Qu'ay-je fait ? Malheureux ! mon amour téméraire
Vient de priver du jour des yeux remplis d'attraits.
 Daphné, Nymphe à mon cœur si chere,
 Faut-il te perdre pour jamais ?

Non, & c'est vainement que le sort nous sépare,
 Malgré sa cruauté barbare.
Daphné, sera toûjours présente à mes regards,
 Et desormais son vert feüillage
 Sera le glorieux partage
 De la valeur, & des beaux arts.

 Pour honorer ce que j'adore,
Qu'en ces lieux tout s'empresse à répondre à mes vœux,
 Que Pan, Zéphire & Flore,
Viennent joindre à leurs chants leurs plus aimables jeux.

SCENE SIXIEME.

Entrée de PAN, & de SILVAINS.
Entrée de FLORE, de ZEPHIRE,
des NYMPHES de FLORE,
& des ZEPHIRES.

UNE NYMPHE de FLORE.

Que de fleurs vont éclore !
Le Zephire aime Flore,
L'Amour vient rendre heureux
Les Cœurs touchez de ses feux ;
Nos plus charmants Boccages
N'ont pas toûjours leurs feüillages ;
Mais les Amants contents
Ont de beaux jours en tout temps.

SECOND COUPLET.

Goûtez, Amants fideles,
Des douceurs éternelles ;
Heureuses les Amours
Qui peuvent durer toûjours ;
Nos plus charmants Boccages
N'ont pas toûjours leurs feüillages ;
Mais les Amants contents
Ont de beaux jours en tout temps.

MERCURE paroît

APOLLON.

Mais, Mercure paroît dans ce charmant séjour,
Quel est le sujet qui l'amene !

SCENE SEPTIEME.

APOLLON, MERCURE, PAN, ZEPHIRE,
FLORE, & leur Suite.

APOLLON.

Venez-vous avec moy célébrer en ce jour
L'insensible Beauté, dont je porte la chaîne.

MERCURE.

Je viens chanter icy le pouvoir de l'Amour.

APOLLON.

Non, ne me vantez point sa gloire,
Je n'ay que trop senti l'atteinte de ses traits.

MERCURE.

Les maux que l'Amour vous a faits
Ne font que relever l'éclat de sa Victoire.
Plus ce Dieu vous est rigoureux,
Plus il signale sa puissance;
Il vous a fait aimer, même sans esperance;
Que n'auroit-il pas fait, s'il eût comblé vos vœux?
Voulez-vous qu'il vous rende heureux?
Meritez ses bien-faits par vôtre obeïssance.

APOLLON.

Moy, de l'Amour encor je porterois les fers.

MERCURE.

Je viens de parcourir tout ce vaste Univers;
On n'y voit rien qui ne soûpire.
Le Ciel, la Terre, l'Onde, & jusques aux Enfers,
De l'Amour triomphant, tout reconnoît l'empire.

D'une aveugle fureur Mars n'est plus animé,
Et les Amours l'ont désarmé:
Amphitrite à son tour brûle au milieu de l'Onde,
Borée & Bachus ont aimé
L'Amour doit vaincre tout le monde.

APOLLON, & MERCURE.

Que sert contre l'Amour de s'armer de fierté?
Dans ses liens charmants il faut que tout s'engage:
Un si doux Esclavage
Vaut bien la Liberté.

MERCURE.

Mais il vient, je le voy paraître,
Il ameine avec luy, la Jeunesse & les Jeux.
Dieux, & Mortels il veut vous rendre heureux,
Rendez hommage à vôtre Maitre.

L'AMOUR vient suivy de la JEUNESSE,
& de sa Suite.

SCENE HUITIÈME.
ET DERNIERE.

L'AMOUR, APOLLON, MERCURE, PAN, ZEPHIRE, FLORE, la JEUNESSE, & la Suite de tous ces Dieux.

L'AMOUR.

Tout ce que j'attaque se rend,
Tout cede à mon pouvoir extrême :
J'enchaîne quand je veux, le plus fier Conquerant,
Et j'abbaisse à mon gré, la Majesté suprême :
Dans le Ciel, Jupiter même
Suit mes Loix en soûpirant,
Plus un cœur est grand
Plus il faut qu'il ayme.

LA JEUNESSE.

Ne troublez pas nos jours importune Raison,
Vous aurez vôtre tour fiere Sagesse ;
Vos severes conseils ne sont pas de saison :
Réservez vos chagrins pour la Vieillesse,
Tous nos jours sont charmants, tout rit à nos desirs,
C'est le temps des plaisirs
Que la Jeunesse.

SECOND COUPLET.

Nous devons à l'Amour les plus beaux de nos ans,
Il prépare nos cœurs à la tendresse ;
Il s'amuse avec nous à des Jeux innocents.
Nous laissons les chagrins pour la Vieillesse.
Tous nos jours sont charmants, tout rit à nos desirs :
 C'est le temps des plaisirs
 Que la Jeunesse.

APOLLON.

Triomphez, triomphez, Amour victorieux,
Triomphez, triomphez des Mortels, & des Dieux ;
Vous imposez des Loix à toute la Nature,
 Vous enflâmez le sein des Mers :
 Vos feux percent la nuit obscure
 Du séjour profond des Enfers.
Vôtre chaîne s'étend aux deux bouts de la Terre :
 Vos traits s'élevent jusques aux Cieux :
Vos coups sont plus puissants que les coups du Tonnerre.
Triomphez, triomphez, Amour victorieux,
Triomphez, triomphez, des Amours, & des Dieux.

CHOEUR.

Triomphez, triomphez Amour victorieux,
Triomphez, triomphez des Amours, & des Dieux.

FIN DE LA QUATRIE'ME ET DERNIERE ENTRE'E.

PRIVILEGE GENERAL.

LOUIS PAR LA GRACE DE DIEU, ROY DE FRANCE ET DE NAVARRE; à nos amez & feaux Conseillers, les Gens tenant nos Cours de Parlement, Maîtres des Requêtes ordinaires de nôtre Hôtel, Grand Conseil, Prévôt de Paris, Baillifs, Senéchaux, leurs Lieutenants Civils, & à tous autres nos Justiciers qu'il appartiendra; SALUT: Nôtre bien amé le Sieur JEAN NICOLAS DE FRANCINI, l'un de nos Conseillers, Maître d'Hôtel ordinaire, interessé conjointement avec le Sieur HYACINTHE DE GAUREAULT Sieur DE DUMONT, l'un de nos Ecuyers ordinaires, & de nôtre tres-cher & bien amé Fils le Dauphin, du Privilege que nous leur avons accordé, pour l'Academie Royale de Musique, par nos Lettres Patentes du 30. Decembre 1698. Nous ayant fait remontrer qu'il desiroit donner au public un RECUEIL GENERAL DES OPERA, REPRESENTEZ PAR L'ACADEMIE ROYALE DE MUSIQUE, DEPUIS SON ETABLISSEMENT, ET QUI SERONT REPRESENTEZ CY-APRE'S, s'il nous plaisoit luy accorder nos Lettres de Privilege sur ce necessaires, attendu les grandes dépenses qu'il convient faire, tant pour l'Impression que pour la Gravure en Taille-douce des Planches dont ce Livre sera orné. Nous avons permis & permettons par ces presentes audit Sr DE FRANCINI, de faire imprimer ledit RECUEIL par tel Imprimeur, & en telle forme, marge, caractere que bon luy semblera, en un ou plusieurs Volumes, conjointement ou separément, & de le faire vendre & distribuer dans tout nôtre Royaume, pendant le temps de six années consecutives, à compter du jour de la datte des présentes. FAISONS DEFENSES à tous Imprimeurs, Libraires, & à tous autres de quelque qualité & condition qu'ils puissent être, de contrefaire ledit RECUEIL en tout, ni en partie; ni même les Planches & Figures qui l'accompagnent, & d'en faire venir ni vendre d'impression étrangere, sans le consentement par écrit de l'Exposant, ou de ceux à qui il aura transporté son Droit, à peine de trois mille livres d'amende contre chacun des contrevenants; dont un tiers à l'Hôtel-Dieu de Paris, un tiers à l'Exposant, & l'autre au Dénonciateur, & confiscation des Exemplaires contrefaits, que nous voulons être saisies par tout où se trouveront, & de tous dépens, dommages & interests: à la charge que ces présentes seront regîstrées és Regîstres de la Communauté des Imprimeurs & Libraires de Paris, & que l'impression desdits Opera, sera faite dans nôtre Royaume, & non ailleurs, & ce en bon papier & en beau Caractere conformement aux Reglements de la Librairie, & qu'avant que de l'exposer en vente, il en sera mis deux Exemplaires dans nôtre Bibliotheque publique, un dans le Cabinet des Livres de nôtre Château du Louvre, & un dans celle de nôtre très-cher & feal Chevalier Chancellier de France le Sieur Phelypeaux, Comte de Pontchartrain, Commandeur de nos Ordres; le tout à peine de nullité des présentes: du contenu desquelles, nous vous mandons & enjoignons de faire joüir l'Exposant, ou ses ayants cause pleinement & paisiblement, sans souffrir qu'il leur soit fait aucun trouble ou empêchement. VOULONS que la copie de ces présentes, qui sera imprimée, dans ledit Livre, soit tenuë pour bien & duëment signifiée, & qu'aux copes collationnées, par l'un de nos amez & feaux Conseillers-Secretaires, foy soit ajoûtée comme à l'Original. COMMANDONS au premier nôtre Huissier ou Sergent sur ce requis, de faire pour l'exécution des présentes, tous Actes requis & necessaires, sans demander autre permission, nonobstant Clameur de Haro, Charte Normande, & Lettres à ce contraires: CAR tel est nôtre plaisir. DONNE' à Versailles le dixiéme jour de Juin, l'An de grace 1703. Et de nôtre Regne, le soixante-uniéme. Par LE ROY, en son Conseil. Signé, LE COMTE, avec Paraphe, & scellé.

Ledit Sieur DE FRANCINI a fourny le present Privilege à *Christophe Ballard*, seul Imprimeur du Roy pour la Musique, pour en joüir en son lieu & place, suivant leurs conventions.

Regîstré sur le Livre de la Communauté des Imprimeurs & Libraires, conformément aux Reglements. A Paris 11. *Juin* 1703. Signé TRABOUILLET, Syndic.